NICO STANITZOK

EINFACH GUTE STEAKS

FOTOGRAFIE: MATHIAS NEUBAUER, COCO LANG

INHALT

Öffnen Sie die Klappen dieses Buches.
Dort finden Sie die wichtigsten Infos zum Thema auf einen Blick!

DAS PRINZIP: STEAKS

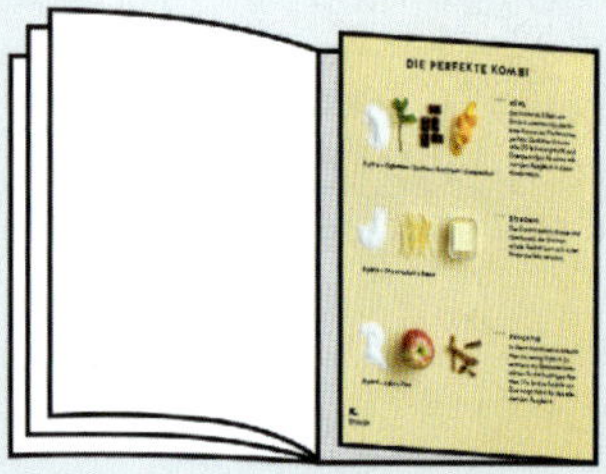

DER PERFEKTE GARGRAD FÜR RIND

Immer griffbereit:

SO GEHT'S: STEAKS RICHTIG BRATEN

Immer griffbereit:

SO GELINGT'S: ZARTE STEAKS

GU **CLOU**

Wussten Sie schon, dass ...? Entdecken Sie bei einigen ausgewählten Rezepten ganz besondere Tipps mit verblüffendem Insiderwissen. Aha-Momente garantiert!

Die Backzeiten können je nach Herd variieren. Unsere Temperaturangaben beziehen sich auf das Backen im Elektroherd mit Ober- und Unterhitze.

Sammeln Ihrer Lieblingsrezepte mit der »GU Kochen Plus«-App (siehe S. 64)

REZEPTKAPITEL

NICO STANITZOK

Als gelernter Koch schätzt Nico Fleisch als Zutat wie auch als Lebensmittel. Deshalb kommt ihm auch nicht irgendein Steak auf den Teller. Die Qualität muss stimmen, denn nur so lassen sich die besten Stücke von Rind, Schwein, Hähnchen & Co. in köstliche Steaks verwandeln.

Warum liebe ich Steaks?

Manchmal muss es eben Fleisch sein – und zwar als leckeres Steak mit kräftigem Geschmack und ordentlich Biss. Hat man sich erst einmal mit dem Braten von Steaks vertraut gemacht, ist es ein schnell zubereitetes Mahl. Im einfachsten Fall würzt man das Steak nur mit Salz und Pfeffer, brät es einige Minuten an … schon ist das Essen fertig. Gerade Steaks aus dem Rücken von Rind und Schwein oder Geflügelbrust sind so rasch zubereitet. Sie sind von Natur aus zart und brauchen keine große Vorbehandlung.

Worauf achte ich beim Fleischeinkauf?

Ganz klar: auf die Qualität! Wenn Steaks auf den Tisch kommen, dann nur in bester Qualität und aus artgerechter Haltung. Hochwertiges Fleisch erhöht den Genuss ungemein und ist besser für unsere Gesundheit, denn es versorgt uns mit vielen Nährstoffen. Ein Steak von einem Rind, das mit Gras gefüttert wurde, enthält beispielsweise mehr Omega-3- und Omega-6-Fettsäuren als Fleisch von einem Tier, das mit Trockenfutter aufgezogen wurde. Natürlich ist solches Fleisch teurer. Daher gibt es bei mir kleinere Portionen, dafür aber mehr Gemüse und Beilagen. So kommen noch mehr Vitamine und Mineralstoffe auf den Teller.

Was möchte ich Ihnen zeigen?

Steaks zuzubereiten ist weder besonders aufwendig noch sehr kompliziert. Dazu noch eine schöne Portion Gemüse oder andere Beilagen, schon steht eine vollwertige Mahlzeit auf dem Tisch. Wie abwechslungsreich Steaks von schnell bis festlich sein können, zeigen Ihnen meine Rezepte.

STEAK-KLASSIKER ENTRECÔTE

4 Entrecôte-Steaks (à 180 g) mit Salz und Pfeffer würzen und ca. 1 Std. bei Raumtemperatur ruhen lassen.

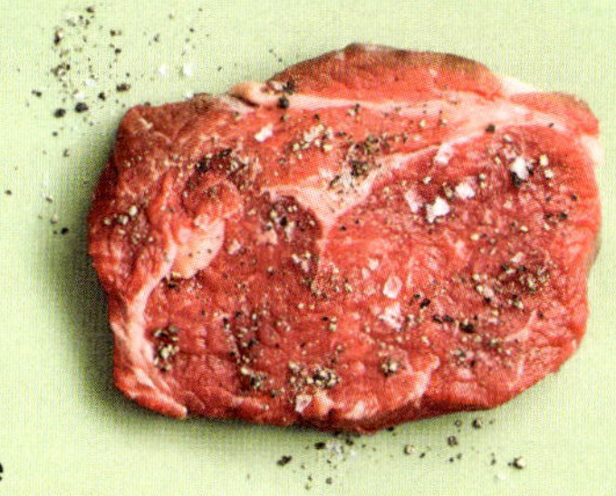

3 EL Rapsöl in eine heiße Pfanne geben und die Steaks darin bei großer Hitze pro Seite ca. 2 Min. anbraten. Auf mittlere Hitze reduzieren.

3 EL Butter, 4 zerdrückte Knoblauchzehen und 2 Zweige Rosmarin in die Pfanne geben. Die Pfanne schräg halten, damit sich die Butter sammelt. Knoblauch und Rosmarin ca. 30 Sek. darin anbraten.

Die Steaks ca. 1 Min. weiterbraten, dabei die Bratbutter mit einem Esslöffel kontinuierlich über die Steaks gießen. Wenden und nochmals ca. 1 Min. mit Butter übergießen.

Die Steaks aus der Pfanne nehmen und auf einem Schneidebrett abgedeckt ca. 6 Min. ruhen lassen. Dann nach Belieben schräg in dicke Streifen schneiden, mit der Bratbutter beträufeln und mit Baguette servieren. Reicht für 4 Personen.

RIND

Für 4 Personen • 45 Min. Zubereitung • Pro Portion ca. 790 kcal, 54 g E, 50 g F, 31 g KH

NEW-YORK-STEAK

KLASSIKER

FÜR DIE BRATKARTOFFELN

900 g Pellkartoffeln vom Vortag
4 EL Rapsöl
2 EL Butter
Salz

FÜR DIE STEAKS

2 New-York-Steaks (à 400 g, 3 cm dick)
Salz, Pfeffer
2 EL Rapsöl

FÜR DEN SPINAT

600 g Blattspinat
2 Knoblauchzehen
1 EL Butter
200 g Sahne
½ TL frisch geriebene Muskatnuss
Salz

GUT ZU WISSEN

Das New-York-Steak wird aus einem Teil des Zwischenrippenstücks geschnitten, dem Short Loin. In Deutschland heißt dieses Stück Roastbeef.

BRATKARTOFFELN: Kartoffeln pellen und in 5 mm dicke Scheiben schneiden. Öl in einer großen Pfanne erhitzen und die Kartoffeln darin bei mittlerer Hitze in ca. 30 Min. goldbraun braten. Dabei gelegentlich wenden.

STEAKS: Inzwischen den Backofen auf 200° vorheizen. Die Steaks trocken tupfen und kräftig mit Salz und Pfeffer würzen. Eine ofenfeste Pfanne erhitzen. Das Öl in die heiße Pfanne geben und die Steaks darin bei großer Hitze pro Seite 40–50 Sek. anbraten. Die Pfanne dann in den Ofen (Mitte) stellen und die Steaks ca. 8 Min. garen.

SPINAT: Währenddessen den Spinat verlesen, waschen und abtropfen lassen. Knoblauch schälen und fein hacken. Butter in einem Topf erhitzen und den Knoblauch darin bei mittlerer Hitze ca. 30 Sek. anschwitzen. Den Spinat zugeben und zugedeckt zusammenfallen lassen. Sahne, Muskat und ½ TL Salz zufügen. Den Spinat mit einem Pürierstab cremig mixen, dann ca. 5 Min. köcheln lassen. Dabei gelegentlich umrühren.

FERTIGSTELLEN: Die Steaks aus dem Ofen nehmen, auf ein Schneidebrett legen, abdecken und ca. 8 Min. ruhen lassen. Butter und Salz zu den Bratkartoffeln geben. Die Steaks in je 12 Streifen schneiden. Mit Bratkartoffeln und Spinat auf vier Tellern anrichten und servieren.

Für 4 Personen • 35 Min. Zubereitung • Pro Portion ca. 1010 kcal, 64 g E, 55 g F, 62 g KH

RINDERSTEAK MIT GORGONZOLAFÜLLUNG

AUS ITALIEN

25 g Walnusskerne
2 Knoblauchzehen
4 EL Rapsöl
100 g Gorgonzola
100 g Doppelrahm-Frischkäse
4 Rumpsteaks (à 200 g, 3 cm dick)
Salz, Pfeffer
300 g Tagliatelle
150 g TK-Erbsen
200 g Sahne
1 EL Tomatenmark

AUSSERDEM

4 Zahnstocher

1 Walnüsse fein hacken. Knoblauch schälen und ebenfalls fein hacken. In einem kleinen Topf 1 EL Öl erhitzen und den Knoblauch darin ca. 1 Min. anschwitzen. Mit Walnüssen, Gorgonzola und Frischkäse in einen hohen Rührbecher geben und mit dem Pürierstab cremig mixen.

2 Die Steaks trocken tupfen und eine Tasche hineinschneiden. Mit je 2 EL Käsecreme füllen und die Öffnung mit 1 Zahnstocher verschließen. Die Steaks mit Salz und Pfeffer würzen.

3 Die Nudeln in Salzwasser nach Packungsanweisung bissfest garen. Ca. 2 Min. vor Ende der Garzeit die Erbsen zugeben. Nudeln und Erbsen in ein Sieb abgießen.

4 Inzwischen eine Pfanne erhitzen. Das restliche Öl (3 EL) in die heiße Pfanne geben und die Steaks darin bei großer Hitze pro Seite ca. 1 Min. anbraten. Dann bei mittlerer Hitze pro Seite ca. 2 Min. weiterbraten. Aus der Pfanne nehmen, auf einen großen Teller legen, abdecken und ruhen lassen.

5 Sahne und Tomatenmark in die Pfanne geben und bei großer Hitze aufkochen. Dabei den Bratensatz mit einem Schneebesen lösen. Die Sauce ca. 1 Min. kochen lassen, dann Nudeln, Erbsen und ausgetretenen Fleischsaft unterheben. Nudeln und Steaks auf vier Tellern anrichten. Die Zahnstocher entfernen und servieren.

Für 4 Personen • 55 Min. Zubereitung • Pro Portion ca. 775 kcal, 48 g E, 44 g F, 45 g KH

STEAK-SANDWICH

FÜR GÄSTE

500 g Ribeye-Steak
2 große rote Zwiebeln
1 grüne Paprika
2 Knoblauchzehen
2 EL weiche Butter
4 Baguette-Brötchen (16 cm lang)
4 EL Rapsöl
Salz, Pfeffer
8 Scheiben Provolone (ersatzweise Cheddar, Gouda)

GUT ZU WISSEN
Die deutschen Fleischzuschnitte unterscheiden sich teilweise erheblich von denen in den USA und in den anderen Ländern Europas. So wird das in den USA als zart und saftig bekannte Ribeye in Frankreich Entrecôte und in Deutschland Hochrippe genannt.

1 Das Steak trocken tupfen und auf einem Teller ca. 40 Min. tiefkühlen. Inzwischen die Zwiebeln schälen, halbieren und in feine Streifen schneiden. Paprika waschen, halbieren, weiße Trennwände und Kerne entfernen und in 1 cm breite Streifen schneiden. Knoblauch schälen, fein hacken und mit der Butter verrühren. Brötchen halbieren und die Schnittflächen mit der Knoblauchbutter bestreichen.

2 Den Backofen auf 220° vorheizen. Das Steak quer in hauchdünne Scheiben schneiden. In einer Pfanne 2 EL Öl erhitzen und die Zwiebeln darin bei mittlerer Hitze ca. 4 Min. braten. Die Paprika ca. 3 Min. unter Rühren mitbraten. Das Gemüse dann aus der Pfanne nehmen.

3 Das restliche Öl (2 EL) in die heiße Pfanne geben. Die Fleischscheiben darin verteilen und bei großer Hitze ca. 1 Min. anbraten. Wenden, mit 1 TL Salz und 4 Prisen Pfeffer würzen und ca. 1 Min. weiterbraten. Das Gemüse zugeben und alles bei mittlerer Hitze ca. 2 Min. unter Rühren weiterbraten.

4 Die Fleisch-Gemüse-Mischung zu vier ovalen Portionen in Brötchengröße zusammenschieben. Je 2 Scheiben Käse darauflegen und in ca. 3 Min. schmelzen lassen.

5 Gleichzeitig die Brötchen mit der Schnittfläche nach oben im Ofen (Mitte) ca. 2 Min aufbacken. Die Fleisch-Gemüse-Portionen mit einem Pfannenheber auf die Böden legen, die Deckel auflegen und servieren.

Für 4 Personen • 30 Min. Zubereitung • 45 Min. Garen • Pro Portion ca. 490 kcal, 41 g E, 36 g F, 1 g KH

RIBEYE-STEAK RÜCKWÄRTS

EINFACH

2 Ribeye-Steaks (à 400 g, 4 cm dick)
4 EL Rapsöl
Salz, Pfeffer
2 Knoblauchzehen
5 Zweige Thymian
3 EL Butter

1 Backofen auf 120° vorheizen. Ein Backblech mit Backpapier belegen und als Tropfschutz auf den Ofenboden stellen. Steaks rundum mit je 1 EL Öl einreiben und mit je ½ TL Salz und 2–3 Prisen Pfeffer würzen. Auf den Rost legen und im Ofen (Mitte) ca. 45 Min. garen.

2 Knoblauch samt Schale zerdrücken, Thymian waschen und trocken schütteln. Eine Pfanne erhitzen, restliches Öl (2 EL) hineingeben und die Steaks darin bei großer Hitze pro Seite in ca. 1 Min. kräftig braun anbraten. Die Butter zugeben und bei mittlerer Hitze aufschäumen lassen. Knoblauch und Thymian zufügen und die Steaks ca. 1 Min. weiterbraten, dabei kontinuierlich mit der Bratbutter übergießen. Wenden und nochmals ca. 1 Min. mit Butter übergießen.

3 Die Steaks auf ein Schneidebrett legen, abdecken und ca. 5 Min. ruhen lassen. Dann in 1 cm breite Streifen schneiden und auf vier Tellern anrichten. Mit Kräuterbutter und Pommes servieren.

Für 4 Personen • 35 Min. Zubereitung • 2 Std. Garen • Pro Portion ca. 350 kcal, 50 g E, 10 g F, 7 g KH

SCHMORSTEAK MIT GEMÜSE

WINTER-REZEPT

2 Möhren
100 g Knollensellerie
1 kleine Lauchstange
2 rote Zwiebeln
900 g Semerrolle (Schwanzrolle)
Salz, Pfeffer
2 EL Rapsöl
1 EL Tomatenmark
150 ml trockener Rotwein (z. B. Spätburgunder)
500 ml Rinderfond (Fertigprodukt)
1 TL Speisestärke

1 Möhren und Sellerie schälen. Zuerst längs in dünne Scheiben, dann in feine Streifen schneiden. Lauch putzen, längs aufschneiden, waschen und längs in dünne Streifen schneiden. Zwiebeln schälen, halbieren und in feine Streifen schneiden. Das Fleisch in 8 Steaks schneiden und kräftig mit Salz und Pfeffer würzen.

2 Eine Schmorpfanne erhitzen. Das Öl in die heiße Pfanne geben und die Steaks darin bei mittlerer Hitze pro Seite in ca. 3 Min. kräftig braun anbraten. Die Steaks auf einem Teller beiseitestellen. Das Gemüse in der Pfanne bei mittlerer Hitze ca. 3 Min. unter Rühren braten. Tomatenmark einrühren und ca. 1 Min. mitbraten.

3 Wein zugießen, aufkochen und einkochen lassen. 300 ml Wasser, Brühe und Stärke einrühren. Die Steaks in die Sauce legen und zugedeckt bei kleiner Hitze in 1 Std. 30 Min.–2 Std. weich schmoren. Steaks und Gemüse auf vier Tellern anrichten. Dazu passt Polenta.

Für 4 Personen • 30 Min. Zubereitung • 12 Std. Marinieren • 40 Min. Backen •
Pro Portion ca. 700 kcal, 44 g E, 42 g F, 35 g KH

STEAKS IN BALSAMICO UND HONIG

GUT VORZUBEREITEN

FÜR DIE STEAKS
4 Knoblauchzehen
2 EL Dijonsenf
2 EL Honig
2 EL Aceto balsamico
3 EL helle Sojasauce
Salz, Pfeffer
4 Rinder-Hüftsteaks (à 180 g)
2 EL Rapsöl

FÜR DIE KNOBLAUCH-KARTOFFELN
50 g Parmesan
900 g mehligkochende Kartoffeln
1 TL getrocknete Minze
Salz
4 Knoblauchzehen
4 EL Olivenöl

AUSSERDEM
Ziplock Beutel (3 l)

STEAKS: Den Knoblauch schälen und fein hacken. Mit Senf, Honig, Essig, Sojasauce, 1 TL Salz und ½ TL Pfeffer verrühren. Steaks und Marinade in den Ziplock-Beutel geben. Verschließen und durchkneten, bis die Steaks vollständig mit Marinade benetzt sind. Ca. 12 Std. im Kühlschrank marinieren.

KNOBLAUCHKARTOFFELN: Backofen auf 200° vorheizen, ein Backblech mit Backpapier belegen. Parmesan fein reiben. Kartoffeln schälen und in 1,5 cm dicke Spalten schneiden. Mit Parmesan, Minze und 1 TL Salz mischen. Die Kartoffeln auf dem Blech verteilen und im Ofen (Mitte) in ca. 40 Min. knusprig braun backen, dabei alle 10 Min. wenden.

Knoblauch schälen und in dünne Scheiben schneiden. Olivenöl in einer kleinen Pfanne erhitzen und den Knoblauch darin goldgelb braten. Über die Kartoffeln gießen und mischen.

FERTIGSTELLEN: Inzwischen eine Pfanne erhitzen. Das Öl in die heiße Pfanne geben, die Steaks aus dem Beutel nehmen und im Öl bei großer Hitze pro Seite ca. 1 Min. anbraten. Dann bei mittlerer Hitze pro Seite ca. 3 Min. weiterbraten. Auf einem Teller abgedeckt ca. 8 Min. ruhen lassen.

Übrige Marinade in die Pfanne gießen und bei großer Hitze ca. 1 Min. kochen lassen. Dabei den Bratensatz mit einem Schneebesen lösen. Die Steaks auf vier Tellern anrichten und mit der Sauce beträufeln. Mit den Kartoffeln servieren.

Für 4 Personen • 35 Min. Zubereitung • Pro Portion ca. 495 kcal, 32 g E, 29 g F, 34 g KH

YAKITORI-STEAK-SPIESSE

AUS JAPAN

¼ Apfel (z. B. Fuji)
1 kleine Zwiebel
3 Knoblauchzehen
1 Stück Ingwer (3 cm lang)
100 ml Mirin (süßer Reiswein, ersatzweise lieblicher Weißwein)
100 ml Tamari-Sojasauce (ersatzweise helle Sojasauce)
2 EL Zucker
600 g Rinderhüfte
4 Frühlingszwiebeln
4 EL Rapsöl
Salz, Pfeffer

AUSSERDEM
8 Holzspieße (20 cm lang)

DAZU PASST
… fein gehobelter junger Weiß- oder Spitzkohl. Den isst man in Japan meist unmariniert oder mit etwas japanischer Mayonnaise vermengt zu den Spießen. Für mehr Aroma wird er hier mit der übrigen Würzsauce verknetet.

1 Das Apfelviertel waschen, entkernen und in grobe Würfel schneiden. Zwiebel und Knoblauch schälen und grob hacken. Ingwer schälen und fein reiben. Apfel, Zwiebel, Knoblauch, Ingwer, Mirin, Tamari und Zucker in einen Topf geben und bei mittlerer bis großer Hitze in ca. 8 Min. sirupartig einkochen lassen. Die Sauce in einen hohen Rührbecher füllen und mit einem Pürierstab sämig mixen.

2 Das Fleisch trocken tupfen und in 2 cm große Würfel schneiden. Die Frühlingszwiebeln putzen, waschen und in 3 cm lange Stücke schneiden. Dann Fleischwürfel und Frühlingszwiebelstücke abwechselnd auf die Holzspieße stecken. Die Spieße mit Salz und Pfeffer würzen.

3 Eine Grillpfanne erhitzen. Das Öl in die heiße Pfanne geben und die Spieße darin bei großer Hitze pro Seite ca. 1 Min. anbraten. Dann bei mittlerer Hitze ca. 5 Min. weiterbraten. Dabei die Oberseite der Spieße dünn mit der Sauce bestreichen, wenden und ca. 30 Sek. braten. Wieder die Oberseite bestreichen, wenden und ca. 30 Sek. braten. Die Spieße so ständig wenden und immer wieder mit der Sauce bestreichen. Auf vier Tellern anrichten und servieren.

*Für 4 Personen • 35 Min. Zubereitung • 45 Min. Ruhen • 25 Min. Backen •
Pro Portion ca. 755 kcal, 49 g E, 18 g F, 101 g KH*

BISTECCA ALLA PIZZAIOLA

AUS ITALIEN

FÜR DAS CIABATTA
500 g Weizenmehl (Type 550)
1 Pck. Trockenhefe
1 TL Zucker
Salz
2 EL Olivenöl

FÜR DAS BISTECCA
600 g Rinderfilet
2 Knoblauchzehen
2 EL Olivenöl
400 g Tomatenpüree
1 EL getrockneter Oregano
Salz, Pfeffer

AUSSERDEM
Mehl zum Arbeiten

GUT ZU WISSEN
Das Tiefkühlen festigt die Fleischfasern. Danach lässt sich das Fleisch mit einem scharfen Messer mühelos in gleichmäßige Scheiben schneiden.

CIABATTA: Mehl, Hefe, Zucker und 2 TL Salz in einer Schüssel mischen. Öl und 400 ml lauwarmes Wasser zugießen und alles mit den Knethaken des Handrührgeräts in ca. 4 Min. zu einem geschmeidigen Teig verkneten. Diesen abgedeckt an einem warmen Ort ca. 45 Min. gehen lassen.

Den Backofen auf 200° vorheizen, ein Backblech mit Backpapier belegen. Den Teig auf die dick bemehlte Arbeitsfläche stürzen, mit 1 Handvoll Mehl bestäuben und zu einem Rechteck (30 × 25 cm) flach drücken. Die Längsseiten zur Mitte klappen, den Teigling umdrehen und auf das Blech legen. Mit Mehl bestäuben und im Ofen (Mitte) ca. 25 Min. backen.

BISTECCA: Inzwischen das Filet auf einem Teller ca. 40 Min. tiefkühlen. Knoblauch schälen und halbieren. Das Öl in einer Pfanne erhitzen und den Knoblauch darin bei mittlerer Hitze ca. 2 Min. anbraten. Tomatenpüree, 100 ml Wasser, Oregano, 1 TL Salz und ½ TL Pfeffer einrühren. Aufkochen und bei kleiner Hitze 8–10 Min. köcheln lassen.

Das Filet in knapp 1 cm dicke Scheiben schneiden. Diese auf die Sauce legen und mit einem Kochlöffel in die Sauce schieben, bis sie damit bedeckt sind. Zugedeckt ca. 3 Min. kochen. Dann wenden und ca. 3 Min. weiterkochen. Die Sauce mit Salz und Pfeffer abschmecken. Bistecca und Sauce auf vier Tellern anrichten. Mit dem Ciabatta servieren.

Für 4 Personen • 35 Min. Zubereitung • Pro Portion ca. 420 kcal, 42 g E, 24 g F, 6 g KH

SCHWÄBISCHER ZWIEBELROSTBRATEN

KLASSIKER

4 mittelgroße Zwiebeln
5 EL Rapsöl
1 EL Butter
Salz
1 TL edelsüßes Paprikapulver
4 Rumpsteaks (à 180 g)
Pfeffer
250 ml dunkler Rinderfond (Fertigprodukt)
50 ml trockener Rotwein (z. B. Trollinger)
1 TL Speisestärke

1 Die Zwiebeln schälen, halbieren und in dünne Streifen schneiden. In einer Pfanne 2 EL Öl erhitzen und die Zwiebeln darin bei mittlerer Hitze ca. 5 Min. anbraten. Butter, ½ TL Salz und Paprikapulver zugeben und die Zwiebeln ca. 5 Min. weiterbraten, bis sie goldbraun sind.

2 Inzwischen die Steaks trocken tupfen und nacheinander in einem Gefrierbeutel mit der flachen Seite eines Fleischklopfers auf ca. 1 cm flach klopfen. Mit Salz und Pfeffer würzen.

3 Die Zwiebeln in einen tiefen Teller geben und mit einem zweiten Teller abdecken. Die Pfanne wieder erhitzen. 2 EL Öl in die heiße Pfanne geben und 2 Steaks darin bei großer Hitze pro Seite ca. 2 Min. anbraten. Auf einen Teller legen und abdecken. Das übrige Öl (1 EL) in die heiße Pfanne geben und die restlichen 2 Steaks darin ebenso braten und warm halten.

4 Fond und Wein in die Pfanne gießen und bei großer Hitze aufkochen. Dabei den Bratensatz mit einem Schneebesen lösen. Stärke mit 3 EL Wasser verquirlen, in die Sauce rühren und ca. 1 Min. kochen lassen. Die Sauce zuletzt mit Salz und Pfeffer abschmecken. Die Steaks mit Zwiebeln und Sauce auf vier vorgewärmten Tellern anrichten. Mit Schupfnudeln servieren.

GUT ZU WISSEN
Beim Klopfen im Beutel zerreißen die Steaks nicht. Das passiert dagegen leicht, wenn sie direkt mit der rauen Oberfläche des Fleischklopfers in Kontakt kommen. Außerdem vermeidet der Beutel Fleischsaftspritzer in der Küche.

Für 4 Personen • 45 Min. Zubereitung • Pro Portion ca. 620 kcal, 44 g E, 35 g F, 32 g KH

PFEFFERSTEAK

AUS FRANKREICH

KARTOFFELPÜREE

800 g mehligkochende Kartoffeln
Salz
150 ml Milch
2 EL Butter
¼ TL frisch geriebene Muskatnuss

FÜR DIE STEAKS

3 EL schwarze Pfefferkörner
4 Rinderfiletsteaks (à 180 g)
Salz
2 EL Rapsöl
2 EL Butter
200 ml dunkler Rinderfond (Fertigprodukt)
1 TL Speisestärke
100 g Sahne

GUT ZU WISSEN
Das Steak bildet beim Braten besonders viele Röststoffe, wenn die Oberfläche gut ab getrocknet ist. Dafür über Nacht auf einem Teller offen in den Kühlschrank stellen.

KARTOFFELPÜREE: Kartoffeln schälen und vierteln. Mit 1 TL Salz in einen Topf geben, knapp mit Wasser bedecken und bei mittlerer Hitze in 20–25 Min. weich kochen. Dann abgießen und die Kartoffeln im Topf mit einem Kartoffelstampfer zerdrücken. Milch, Butter, ½ TL Salz und Muskat mit einem Schneebesen einrühren. Das Püree zugedeckt beiseitestellen.

STEAKS: Die Pfefferkörner auf einem Schneidebrett verteilen und mit einem Topfboden grob zerdrücken. Steaks trocken tupfen, im Pfeffer wenden und die Körner festdrücken. Mit Salz würzen. Eine Pfanne erhitzen. Das Öl in die heiße Pfanne geben und die Steaks darin bei großer Hitze pro Seite ca. 1 Min. anbraten. Die Butter bei mittlerer Hitze zugeben und die Steaks pro Seite ca. 3 Min. weiterbraten. Dabei kontinuierlich mit der Bratbutter übergießen. Die Steaks auf einen Teller legen, abdecken und ca. 8 Min. ruhen lassen.

FERTIGSTELLEN: Fond in die Pfanne gießen und bei großer Hitze aufkochen. Dabei den Bratensatz mit einem Schneebesen lösen. Stärke mit 3 EL Wasser verquirlen. In den Fond rühren und ca. 1 Min. kochen lassen. Sahne zugießen und die Sauce mit Salz und Pfeffer abschmecken. Die Steaks mit Sauce und Kartoffelpüree auf vier Tellern anrichten und servieren.

SCHWEIN

Für 4 Personen • 30 Min. Zubereitung • 35 Min. Backen • Pro Portion ca. 670 kcal, 42 g E, 42 g F, 34 g KH

OFENGERÖSTETE NACKENSTEAKS

EINFACH

FÜR DIE STEAKS

2 Knoblauchzehen
1 Bio-Orange
½ Bio-Zitrone
2 EL Olivenöl
2 EL Fenchelsamen
1 EL Rohrohrzucker
Salz, Pfeffer
4 Nackensteaks (à 220 g)

FÜR DAS GEMÜSE

800 g festkochende Kartoffeln
1 Knolle Fenchel (250 g)
2 rote Zwiebeln
2 EL Olivenöl
Salz, Pfeffer

GU CLOU

Die Steaks braten zusammen mit dem Gemüse im Ofen. So gelingen sie mühelos. Fleisch und Gemüse werden schön knusprig und bereichern sich gegenseitig mit ihrem Aroma.

STEAKS: Den Knoblauch schälen und fein hacken. Orange und Zitrone heiß abwaschen, abtrocknen und die Schale fein abreiben. Knoblauch, Orangen- und Zitronenschale mit Olivenöl, Fenchelsamen, Zucker, 1 TL Salz und 2 Prisen Pfeffer in einer Schüssel vermischen. Die Steaks trocken tupfen, in die Würzmischung legen und rundum damit einreiben. Die Würzmischung dann kräftig ins Fleisch einmassieren und die Steaks ca. 20 Min. durchziehen lassen.

GEMÜSE: Inzwischen den Backofen auf 200° vorheizen, ein Backblech mit Backpapier belegen. Kartoffeln schälen und längs in 1,5 cm breite Spalten schneiden. Fenchel waschen, putzen und halbieren. Den Strunk herausschneiden und die Hälften längs in 1 cm breite Spalten schneiden. Zwiebeln schälen, halbieren und ebenfalls in 1 cm breite Spalten schneiden. Das Gemüse auf dem Blech mit Öl, 2 TL Salz und ½ TL Pfeffer mischen und im Ofen (Mitte) ca. 15 Min. backen.

FERTIGSTELLEN: Nach 15 Min. Garzeit das Gemüse aus dem Ofen nehmen, die Steaks darauflegen und mit dem Gemüse im Ofen (Mitte) ca. 20 Min. rösten. Dabei einmal wenden. Gemüse und Steaks auf vier Tellern anrichten.

GU CLOU

Frische Ananas enthält reichlich Bromelain. Dieses Enzym ist ein natürlicher Fleischzartmacher. Die Marinade aus Ananasfruchtfleisch macht das Fleisch hier so zart, dass es sich nach dem Braten leicht mit einer Gabel zerteilen lässt.

Für 4 Personen • 35 Min. Zubereitung • 4 Std. Marinieren • Pro Portion ca. 710 kcal, 36 g E, 52 g F, 23 g KH

NACKENSTEAKS HAWAII

GUT VORZUBEREITEN

FÜR DIE STEAKS
½ kleine Ananas
2 Knoblauchzehen
1 Stück Ingwer (3 cm lang)
2 EL dunkle Sojasauce
2 EL Apfelessig
1 EL Rohrohrzucker
Salz
800 g Schweinenacken
2 EL Rapsöl

FÜR DEN SALAT
5 EL Apfelessig
2 EL Rohrohrzucker
Salz, Pfeffer
3 EL Rapsöl
4 Römersalatherzen
1 Avocado

AUSSERDEM
Ziplock-Beutel (3 l)

STEAKS: Ananas schälen, halbieren und den Strunk entfernen. Das Fruchtfleisch quer in 5 mm dicke Scheiben schneiden. Knoblauch schälen und grob zerkleinern. Ingwer schälen und fein reiben. Ein Drittel der Ananas mit Knoblauch, Ingwer, Sojasauce, Essig, Zucker und 1 TL Salz fein pürieren. Die restlichen Ananasscheiben abgedeckt kühl stellen.

Das Fleisch in 8 Steaks (ca. 2 cm dick) schneiden. Mit der Marinade in den Ziplock-Beutel geben, verschließen und mit den Händen durchmischen. Ca. 4 Std. im Kühlschrank marinieren.

SALAT: Essig, Zucker, 1 TL Salz und 2 Prisen Pfeffer in einer Salatschüssel verquirlen. Das Öl einrühren. Salat zerteilen, waschen und trocken schleudern. Die Blätter in schmale Streifen schneiden. Avocado halbieren, entkernen und das Fruchtfleisch in kleine Würfel schneiden. Salat, Avocado und übrige Ananas mit dem Dressing vermischen.

FERTIGSTELLEN: Die Steaks aus dem Beutel nehmen, die Marinade in eine Schale abstreifen. Marinade aus dem Beutel und 100 ml Wasser unterrühren. Eine Pfanne erhitzen. Das Öl in die heiße Pfanne geben und die Steaks darin bei großer Hitze pro Seite ca. 1 Min. anbraten. Die Marinade zugießen und bei schwacher Hitze in ca. 4 Min. cremig einköcheln lassen. Dabei die Steaks alle 30 Sek. wenden. Die Steaks auf vier Tellern anrichten, mit dem Salat und der Sauce servieren.

Für 4 Personen • 35 Min. Zubereitung • 4 Std. Marinieren • Pro Portion ca. 330 kcal, 44 g E, 9 g F, 17 g KH

GLASIERTE FILETMEDAILLONS

SCHARF

FÜR DIE MARINADE
1 Bird's-Eye-Chilischote
125 ml Ananassaft
50 g Rohrohrzucker
2 EL dunkle Sojasauce
½ EL Dijonsenf
2 Sternanise

FÜR DIE MEDAILLONS
800 g Schweinefilet am Stück
Salz
2 EL Rapsöl

MARINADE: Chili waschen und samt Kernen grob zerkleinern. Chili, Ananassaft, Zucker, Sojasauce, Senf und Sternanise in einem Topf aufkochen. Dann bei mittlerer Hitze ca. 5 Min. kochen lassen. Die Marinade durch ein Sieb in eine Auflaufform oder flache Schale gießen und abkühlen lassen.

MEDAILLONS: Das Filet trocken tupfen und in 8 Stücke schneiden. Diese auf die Schnittfläche legen und zu 2–3 cm dicken Medaillons flach drücken. Die Medaillons in der Marinade wenden und abgedeckt im Kühlschrank mind. 4 Std. (besser über Nacht) marinieren. Dabei gelegentlich wenden.

FERTIGSTELLEN: Das Fleisch aus der Marinade nehmen und diese mit den Fingern abstreifen. Die Medaillons mit Salz würzen. Eine Grillpfanne erhitzen. Das Öl in die heiße Pfanne geben und die Medaillons darin bei großer Hitze pro Seite in ca. 2 Min. kräftig braun anbraten. Die Marinade zugießen und bei mittlerer Hitze in ca. 3 Min. sirupartig einkochen lassen. Die Medaillons dann bei schwacher Hitze noch 1–2 Min. ziehen lassen, dabei zwei- bis dreimal wenden. Auf vier Tellern anrichten. Dazu passen Reis und gedünsteter Pak Choi.

Für 4 Personen • 35 Min. Zubereitung • Pro Portion ca. 370 kcal, 39 g E, 15 g F, 8 g KH

SCHWEINERÜCKEN CHINA-STYLE

EINFACH

1 Stück Ingwer (5 cm lang)
4 Knoblauchzehen
3 Frühlingszwiebeln
4 Schweinerückensteaks (à 180 g)
2 EL Rapsöl
3 EL helle Sojasauce
2 EL dunkle Sojasauce
2 EL chin. Reiswein (z. B. Shaoxing, Asienladen)
1 EL Austernsauce
1 EL Rohrohrzucker

1 Ingwer schälen und fein reiben. Knoblauch schälen und fein hacken. Frühlingszwiebeln putzen und waschen. Grünen und weißen Teil getrennt in feine Scheiben schneiden. Die Steaks trocken tupfen. Eine Pfanne erhitzen. Das Öl hineingeben und die Steaks darin bei großer Hitze pro Seite ca. 1 Min. anbraten. Auf einen Teller legen.

2 Ingwer, Knoblauch und weiße Frühlingszwiebeln in die Pfanne geben und bei mittlerer Hitze in ca. 2 Min. unter Rühren goldbraun anbraten. Mit heller und dunkler Sojasauce, Reiswein, Austernsauce und 150 ml Wasser ablöschen. Zucker zufügen, die Sauce bei großer Hitze aufkochen und bei mittlerer Hitze ca. 1 Min. kochen lassen.

3 Die Steaks in die Sauce legen und bei kleiner Hitze pro Seite ca. 3 Min. garen. Die Steaks auf vier Tellern anrichten und mit der Sauce übergießen. Mit dem Frühlingszwiebelgrün bestreuen und servieren. Dazu passt gedünsteter Weiß- oder Spitzkohl.

Für 4 Personen • 35 Min. Zubereitung • Pro Portion ca. 755 kcal, 42 g E, 61 g F, 10 g KH

STEAKS IN ERDNUSS-SAUCE

SCHARF

3 Schalotten
4 Knoblauchzehen
2 Bird's-Eye-Chilischoten
4 EL Erdnussöl (ersatzweise Rapsöl)
100 g Erdnusskerne (geröstet und gesalzen)
1 EL Palmzucker
200 g Kokosmilch
1 EL dunkle Sojasauce
1 EL Limettensaft
4 Nackensteaks (à 200 g)
Salz, Pfeffer

1 Schalotten und Knoblauch schälen und grob hacken. Chilis waschen und samt Kernen grob zerkleinern. In einer beschichteten Pfanne 2 EL Öl erhitzen. Schalotten und Knoblauch darin bei mittlerer Hitze in ca. 5 Min. goldbraun rösten. In einen Standmixer füllen.

2 Chilis, Erdnüsse, Zucker, Kokosmilch, Sojasauce und Limettensaft zufügen. Alles mit der Pulsfunktion nicht zu fein pürieren, sodass noch kleine Erdnussstücke vorhanden sind.

3 Die Steaks trocken tupfen und mit Salz und Pfeffer würzen. Die Pfanne wieder erhitzen. Restliches Öl (2 EL) in die heiße Pfanne geben und die Steaks darin bei großer Hitze pro Seite 1–2 Min. anbraten. Dann die Erdnusssauce zugießen und die Steaks bei mittlerer Hitze pro Seite noch 4–5 Min. darin garen, dabei immer wieder mit der Sauce übergießen. Sobald die Erdnusssauce cremig und dickflüssig ist, mit den Steaks auf vier Tellern anrichten. Dazu passt Reis.

Für 4 Personen • 35 Min. Zubereitung • 2 Std. SV-Garen • Pro Portion ca. 715 kcal, 45 g E, 33 g F, 48 g KH

SOUS-VIDE-STEAKS IN KAFFEE-RUB

FÜR GÄSTE

FÜR DIE STEAKS
6 TL Kaffeepulver
4 TL edelsüßes Paprikapulver
4 TL Rohrohrzucker
Salz, Pfeffer
2 TL Chilipulver
2 TL Zwiebelpulver
4 Schweinerückensteaks (à 200 g)
4 EL Rapsöl

FÜR DEN SALAT
400 g Rotkohl
2 Möhren
2 Mangos
2 Limetten
4 EL Rohrohrzucker
Salz, Pfeffer
4 EL Rapsöl

AUSSERDEM
Sous-Vide-Gerät
Vakuumierbeutel
Balkenvakuumierer

STEAKS: Das Sous-Vide-Bad auf 60° vorheizen. Kaffee- und Paprikapulver, Zucker, 4 TL Salz, 2 TL Pfeffer, Chili- und Zwiebelpulver vermischen. Steaks trocken tupfen und rundum mit der Würzmischung einreiben. Dann nebeneinander in den Vakuumierbeutel legen und vakuumieren. Beutel in das temperierte Wasserbad einlegen und die Steaks ca. 2 Std. garen.

SALAT: Inzwischen den Rotkohl putzen, vierteln und den Strunk herausschneiden. Die Viertel in feine Streifen schneiden oder hobeln. Die Streifen in ein Sieb geben, kalt abbrausen und abtropfen lassen. Möhren schälen und grob raspeln. Mangos schälen, das Fruchtfleisch flach vom Kern schneiden und 1 cm groß würfeln. Limetten auspressen. Den Saft in einer Salatschüssel mit Zucker, 1 TL Salz, ½ TL Pfeffer und Öl verrühren. Rotkohl, Möhren und Mangos locker untermischen.

FERTIGSTELLEN: Die Steaks aus dem Beutel nehmen und trocken tupfen, dabei jedoch die Würzmischung nicht abwischen. Eine Pfanne erhitzen. Das Öl in die heiße Pfanne geben und die Steaks darin bei großer Hitze pro Seite ca. 1 Min. anbraten. Mit dem Salat auf vier Tellern anrichten.

Für 4 Personen • 35 Min. Zubereitung • Pro Portion ca. 510 kcal, 50 g E, 23 g F, 21 g KH

HÜFTSTEAK MIT JAPAN-SALAT

ASIATISCH

FÜR DEN SALAT
500 g weißer Rettich
200 g Möhren
200 g Rotkohl
1 Stück Ingwer (3 cm lang)
80 ml helle Sojasauce
4 EL Rapsöl
5 EL Reisessig
2 EL Rohrohrzucker
Pfeffer

FÜR DIE STEAKS
4 Hüftsteaks (à 200 g)
Pfeffer
3 EL Rapsöl
3 Knoblauchzehen
100 ml helle Sojasauce
1 EL Rohrohrzucker

SALAT: Rettich und Möhren schälen und in sehr feine Streifen hobeln oder schneiden. Rotkohl putzen und ebenfalls fein hobeln oder schneiden. In einem Sieb kalt abbrausen und abtropfen lassen. Ingwer schälen und fein reiben. Mit Sojasauce, Öl, Essig, Zucker und 2 Prisen Pfeffer in einer Salatschüssel verrühren. Rettich und Möhren unterheben und beiseitestellen.

STEAKS: Die Steaks trocken tupfen und mit Pfeffer würzen. Eine Pfanne erhitzen. Das Öl in die heiße Pfanne geben und die Steaks darin bei großer Hitze pro Seite ca. 1 Min. anbraten. Dann bei mittlerer Hitze pro Seite ca. 3 Min. weiterbraten. Die Pfanne dabei zu zwei Dritteln zudecken. Inzwischen den Knoblauch schälen und fein hacken. Die Steaks auf ein Schneidebrett legen, abdecken und ca. 8 Min. ruhen lassen.

Den Knoblauch in der Pfanne ca. 2 Min. anbraten. Sojasauce, 50 ml Wasser, Zucker und ½ TL Pfeffer zufügen, aufkochen und bei großer Hitze in 2–4 Min. leicht sämig einkochen lassen.

FERTIGSTELLEN: Den Rotkohl unter den Salat heben und diesen in vier Schälchen verteilen. Die Steaks in je 6 Streifen schneiden und mit der Sauce auf vier Tellern anrichten. Mit dem Salat servieren. Dazu passt Reis.

Für 4 Personen • 35 Min. Zubereitung • Pro Portion ca. 385 kcal, 42 g E, 17 g F, 17 g KH

SCHWEINEFILET IM SPECKMANTEL

EINFACH

200 g Frühstücksspeck
2 rote Zwiebeln
600 g Schweinefilet am Stück
2 EL Sambal Oelek
2 EL mittelscharfer Senf
2 EL Rohrohrzucker
2 EL Currypulver
2 EL Speisestärke

UND DAZU

… gibt's Gurkensalat. Dafür 2 Salatgurken und 2 Äpfel schälen. Die Äpfel entkernen, dann beides in dünne Scheiben schneiden. 4 EL Apfelessig, 2 EL Rapsöl, 2 EL Zucker, 1 EL mittelscharfer Senf und 1 TL Salz untermischen und ca. 20 Min. ziehen lassen.

1 Speck in 5 mm große Würfel schneiden. Zwiebeln schälen und fein würfeln. Eine beschichtete Pfanne ohne Fett erhitzen und die Speckwürfel darin bei mittlerer Hitze braten, bis das Fett austritt. Die Zwiebeln zugeben und ca. 2 Min. mitbraten. Speck und Zwiebeln in ein Edelstahlsieb abgießen, abtropfen lassen und dabei das Fett auffangen.

2 Das Filet trocken tupfen und in 4 Stücke schneiden. Diese auf die Schnittfläche stellen und mit der Hand auf ca. 1 cm flach drücken. Sambal Oelek und Senf verrühren und die Steaks rundum damit bestreichen.

3 Zucker, Curry und Stärke in einem tiefen Teller mischen. Die Speck-Zwiebel-Mischung auf einem flachen Teller verteilen.

4 Die Steaks zuerst in der Stärkemischung, dann in der Speck-Zwiebel-Mischung wenden und gut andrücken. Die Pfanne wieder erhitzen. Das abgetropfte Speckfett in die heiße Pfanne geben und die Steaks darin bei mittlerer Hitze pro Seite ca. 5 Min. anbraten. Einen Teller mit Küchenpapier belegen. Die Steaks darauflegen, abdecken und ca. 8 Min. ruhen lassen. Dann auf vier Tellern anrichten und servieren.

Für 4 Personen • 35 Min. Zubereitung • Pro Portion ca. 620 kcal, 46 g E, 36 g F, 8 g KH

KOTELETT MIT WACHOLDER UND ROSMARIN

GÜNSTIG

FÜR DAS SELLERIEPÜREE
1 Knolle Sellerie (800 g)
Salz
100 ml Milch
1 EL Butter
2 Prisen frisch geriebene Muskatnuss

FÜR DIE KOTELETTS
2 Zweige Rosmarin
2 TL Wacholderbeeren
½ TL Pfefferkörner
Salz
4 Schweinekoteletts (à 200 g)
4 EL Butter
200 ml trockener Weißwein (z. B. Riesling)
2 TL grober Dijonsenf
100 g Sahne

GUT ZU WISSEN
Kein Mörser zur Hand? Dann hacken Sie Rosmarin und Wacholder mit einem Messer sehr fein. Danach mischen Sie Salz und Pfeffer unter.

SELLERIEPÜREE: Sellerie schälen und in 4 cm große Stücke schneiden. Diese in Salzwasser in ca. 20 Min. weich kochen. In ein Sieb abgießen, kurz abtropfen lassen und zurück in den Topf geben. Milch, Butter und Muskatnuss zufügen und alles mit einem Kartoffelstampfer zu feinem Püree zerdrücken. Das Püree zugedeckt beiseitestellen.

KOTELETTS: Während der Sellerie kocht, den Rosmarin waschen, trocken schütteln und die Nadeln abstreifen. Mit Wacholder, Pfeffer und 1 TL Salz in einem Mörser grob zerstoßen. Die Koteletts trocken tupfen und von beiden Seiten mit der Würzmischung einreiben. Eine Pfanne erhitzen. Die Butter hineingeben und die Koteletts darin bei mittlerer Hitze pro Seite ca. 5 Min. anbraten. Die Koteletts dann aufeinanderlegen, in Alufolie wickeln und ca. 5 Min. ruhen lassen.

FERTIGSTELLEN: Wein in der Pfanne aufkochen und bei mittlerer Hitze ca. 1 Min. kochen lassen. Dabei den Bratensatz mit einem Schneebesen lösen. Senf und Sahne einrühren und die Sauce bei kleiner Hitze in 2–3 Min. cremig einköcheln lassen. Dabei regelmäßig umrühren. Die Koteletts auswickeln. Den Fleischsaft zur Sauce geben und diese mit ½ TL Salz abschmecken. Koteletts und Selleriepüree auf vier Tellern anrichten und mit der Sauce servieren. Dazu passt Rosenkohl.

LAMM, WILD & GEFLÜGEL

Für 4 Personen • 35 Min. Zubereitung • 3 Std. Marinieren • 1 Std. Backen •
Pro Portion ca. 1185 kcal, 85 g E, 80 g F, 32 g KH

GEBACKENE LAMMKOTELETTS

FÜR OSTERN

FÜR DIE KOTELETTS
1 Bio-Zitrone
2 Knoblauchzehen
80 ml Olivenöl
1 EL mittelscharfer Senf
1 EL getrockneter Thymian
1 EL getrockneter Rosmarin
½ TL getrockneter Oregano
Salz, Pfeffer
16 Lammkoteletts

FÜR DIE OFENKARTOFFELN
800 g festkochende Bio-Kartoffeln
1 Bio-Zitrone
1 Knoblauchzehe
50 ml Olivenöl
1 TL getrockneter Oregano
1 EL Hartweizengrieß
Salz, Pfeffer

KOTELETTS: Zitrone heiß abwaschen, abtrocknen und die Schale abreiben. Knoblauch schälen und durchpressen. Mit Zitronenschale, Öl, Senf, Thymian, Rosmarin, Oregano, 1 TL Salz und 3 Prisen Pfeffer in einer Schale oder Auflaufform vermischen. Die Koteletts trocken tupfen, in die Marinade legen und diese mit den Fingern ins Fleisch massieren. Abdecken und mind. 3 Std. im Kühlschrank marinieren.

OFENKARTOFFELN: Den Backofen auf 200° vorheizen, ein Backblech mit Backpapier belegen. Kartoffeln gründlich waschen, abbürsten und längs in Achtel schneiden. Zitrone auspressen, Knoblauch schälen und in eine große Schüssel pressen. Zitronensaft, Öl, 100 ml Wasser, Oregano, Grieß, 1 ½ TL Salz und ½ TL Pfeffer unterrühren. Dann die Kartoffelspalten untermischen. Die Kartoffeln auf dem Backblech verteilen und im Ofen (Mitte) ca. 35 Min. backen.

FERTIGSTELLEN: Die Koteletts aus der Marinade nehmen, auf die Kartoffeln legen und im Ofen (Mitte) ca. 25 Min. mitrösten. Dabei die Koteletts nach ca. 10 Min. wenden. Kartoffeln und Koteletts auf vier Tellern anrichten und servieren.

Für 4 Personen • 35 Min. Zubereitung • 5 Std. SV-Garen • 1 Std. Kühlen • Pro Portion ca. 500 kcal, 44 g E, 32 g F, 9 g KH

SOUS-VIDE-LAMMSTEAKS MIT FEIGENKRUSTE

AUS ITALIEN

800 g Lammschulter ohne Knochen
Salz, Pfeffer
2 EL Rapsöl
2 Scheiben Ciabatta (ca. 50 g)
2 Knoblauchzehen
2 Zweige Rosmarin
2 Feigen
80 g Pecorino
20 g weiche Butter

AUSSERDEM
Sous-Vide-Gerät
Vakuumierbeutel
Balkenvakuumierer

GUT ZU WISSEN
Vakuumieren Sie die Steaks alternativ in einem 3-l-Ziplock-Beutel mit Doppelverschluss. Diesen bis auf einen kleinen Spalt schließen, in ein Wasserbad tauchen, Luft herausdrücken und verschließen. Steaks nebeneinander schieben.

1 Das Sous-Vide-Bad auf 55° vorheizen. Fleisch in 4 Steaks schneiden, mit Salz und Pfeffer würzen. Eine Pfanne erhitzen. Öl in die heiße Pfanne geben und die Steaks darin bei großer Hitze pro Seite ca. 1 Min. anbraten. Nebeneinander in den Vakuumierbeutel legen und vakuumieren. Beutel in das temperierte Wasserbad einlegen und die Steaks ca. 5 Std. garen.

2 Inzwischen die Brotscheiben im Toaster zweimal rösten. Abkühlen lassen, dann im Blitzhacker fein mahlen und herausnehmen. Knoblauch schälen. Rosmarin waschen, trocken schütteln und die Nadeln abstreifen. Feigen waschen und grob zerkleinern. Käse ebenfalls grob zerkleinern.

3 Knoblauch, Rosmarin, Feigen, Käse, Butter und je ½ TL Salz und Pfeffer im Blitzhacker zu einer feinen Paste mixen. Mit den Brotbröseln verkneten, zu einer Rolle formen, in Frischhaltefolie wickeln und mind. 1 Std. kühlen.

4 Den Backofen mit Grill auf 220° vorheizen, ein Backblech mit Backpapier belegen. Die Steaks aus dem Beutel nehmen, trocken tupfen und auf das Blech legen. Die Brotmasse in 12 Scheiben schneiden, nebeneinander oder dachziegelartig darauflegen und etwas andrücken. Die Steaks im Ofen (oben) in 6–8 Min. knusprig braun überbacken. Die Steaks auf vier Tellern anrichten. Dazu passen grüne Bohnen und Bratkartoffeln.

Für 4 Personen • 40 Min. Zubereitung • 12 Std. Marinieren • Pro Portion ca. 385 kcal, 34 g E, 18 g F, 17 g KH

MARINIERTE ENTENBRUST

AUS JAMAICA

1 Stück Ingwer (5 cm lang)
6 Frühlingszwiebeln
4 Knoblauchzehen
2 rote Chilischoten
2 TL getrockneter Thymian
2 TL Zimtpulver
4 EL helle Sojasauce
4 EL Limettensaft
4 EL Rohrohrzucker
Salz
2 Barberie-Entenbrustfilets (à 350 g)

1 Ingwer schälen und fein reiben. Frühlingszwiebeln putzen, waschen und in feine Ringe schneiden. Knoblauch schälen. Chilis waschen, halbieren, weiße Trennwände und Samen entfernen und die Hälften grob zerkleinern. Alles mit Thymian, Zimt, Sojasauce, Limettensaft, Zucker und 2 TL Salz in einem Standmixer zu einer feinen Paste pürieren.

2 Die Marinade in einer flachen Schale verteilen. Die Filets trocken tupfen und die Haut mit einem sehr scharfen Messer mehrmals schräg einritzen. In der Marinade wenden und diese mit den Händen auf dem Fleisch verteilen. Abgedeckt mind. 12 Std. im Kühlschrank marinieren.

3 Eine beschichtete Pfanne ohne Fett erhitzen. Die Marinade von den Filets abstreifen, Reste mit Küchenpapier abwischen. Die Filets auf der Hautseite in der heißen Pfanne bei mittlerer Hitze ca. 6 Min. anbraten. Wenden und auf der Fleischseite ca. 6 Min. braten. Während die Fleischseite brät, die Hautseite mit Marinade bestreichen. Die Filets wenden und ca. 1 Min. braten. Dabei die Fleischseite mit Marinade bestreichen. Wenden und wieder ca. 1 Min. braten. Diesen Vorgang noch dreimal wiederholen, bis sich knusprige Stellen gebildet haben und das Fleisch mit karamellisierter Marinade überzogen ist.

4 Die Filets auf einen Teller legen, abdecken und ca. 10 Min. ruhen lassen. Dann in Scheiben schneiden und mit gedünstetem Pak Choi und Maisküchlein servieren.

Für 4 Personen • 40 Min. Zubereitung • 30 Min. NT-Garen • Pro Portion ca. 565 kcal, 48 g E, 39 g F, 5 g KH

HIRSCHSTEAKS MIT WALDPILZEN

HERBST-REZEPT

800 g Hirschrücken ohne Knochen
Salz, Pfeffer
4 EL Butterschmalz
600 g gemischte Waldpilze (z. B. Hallimasch, Herbsttrompete, Marone)
1 kleine rote Zwiebel
2 TL Speisestärke
300 ml Rinderfond (Fertigprodukt)
200 g Sahne
3 Prisen frisch geriebene Muskatnuss

1 Backofen auf 80° vorheizen, dabei eine ofenfeste Form im Ofen mit aufheizen. Fleisch trocken tupfen, in 8 Stücke schneiden und zu 2 cm dicken Steaks flach drücken. Mit Salz und Pfeffer würzen.

2 Eine Pfanne erhitzen. 2 EL Schmalz hineingeben und die Steaks darin in zwei Portionen bei großer Hitze pro Seite ca. 30 Sek. anbraten. In die Form legen und im Ofen (Mitte) ca. 30 Min. bis zu einer Kerntemperatur von 60° garen. Die Pfanne nicht reinigen.

3 Die Pilze putzen, bei Bedarf mit einem Tuch abreiben und halbieren. Zwiebel schälen und fein würfeln. Übriges Schmalz (2 EL) in der Pfanne erhitzen. Pilze und Zwiebel darin bei mittlerer Hitze in 3–4 Min. braun anbraten. Stärke einrühren, Fond zugießen und in ca. 5 Min. um ein Drittel einkochen lassen. Sahne einrühren und erwärmen. Die Sauce mit ½ TL Salz, 3 Prisen Pfeffer und Muskat abschmecken. Die Steaks mit der Pilzsauce servieren. Dazu passen Rösti.

Für 4 Personen • 55 Min. Zubereitung • 30 Min. NT-Garen • Pro Portion ca. 515 kcal, 50 g E, 30 g F, 3 g KH

FESTLICHE REHSTEAKS

FÜR WEIHNACHTEN

800 g Rehrücken ohne Knochen
Salz, Pfeffer
4 EL Butter
1 Knoblauchzehe
1 Zweig Rosmarin
1 TL Speisestärke
100 ml trockener Rotwein (z. B. Barbera)
400 ml Wildfond (Fertigprodukt)
100 g Sahne
2 Sternanise

1 Backofen auf 80° vorheizen, dabei eine ofenfeste Form im Ofen mit aufheizen. Fleisch trocken tupfen, in 8 Stücke schneiden und zu 2 cm dicken Steaks flach drücken. Mit Salz und Pfeffer würzen.

2 Eine Pfanne erhitzen. 2 EL Butter in die heiße Pfanne geben und die Steaks darin in zwei Portionen bei mittlerer Hitze pro Seite ca. 30 Sek. anbraten. In die Form legen und im Ofen (Mitte) ca. 30 Min. bis zu einer Kerntemperatur von 60° garen.

3 Knoblauch schälen und fein hacken. Rosmarin waschen und trocken schütteln. Übrige Butter (2 EL) in einem Topf erhitzen und den Knoblauch darin bei kleiner Hitze ca. 3 Min. anschwitzen. Stärke einrühren, Rotwein zugießen und bei großer Hitze unter Rühren aufkochen. Fond, Rosmarin und Sternanise zugeben und bei mittlerer Hitze in ca. 10 Min. sämig einkochen lassen. Rosmarin und Sternanise entfernen. Die Steaks mit der Sauce und Polenta servieren.

Für 4 Personen • 35 Min. Zubereitung • 2 Std. SV-Garen • Pro Portion ca. 635 kcal, 32 g E, 40 g F, 35 g KH

HÄHNCHEN-BURGER SOUS-VIDE

STREETFOOD

FÜR DIE STEAKS

2 große Hähnchenbrustfilets (à 220 g)
1 Knoblauchzehe
200 ml Buttermilch
2 TL Zwiebelpulver
Salz, Pfeffer
4 EL Rapsöl

FÜR DIE BURGER

1 Knoblauchzehe
100 g Mayonnaise
2 EL Chilisauce (z. B. Sriracha)
1 TL edelsüßes Paprikapulver
150 g Eisbergsalat
1 Gewürzgurke (Glas)
4 große Hamburger-Brötchen
2 EL Butter

AUSSERDEM

Sous-Vide-Gerät
Ziplock-Beutel (3 l mit Doppelverschluss)

STEAKS: Das Sous-Vide-Bad auf 60° vorheizen. Filets waagerecht durchschneiden, jede Scheibe halbieren und in den Ziplock-Beutel legen. Knoblauch schälen und fein hacken. Mit Buttermilch, Zwiebelpulver, 1 TL Salz und ½ TL Pfeffer verrühren und in den Beutel füllen. Den Beutel bis auf einen kleinen Spalt schließen und in ein Wasserbad tauchen, bis die Öffnung die Wasserkante erreicht. Dann ganz verschließen. Die Steaks zurechtschieben, bis sie nebeneinander liegen. Beutel in das temperierte Wasserbad legen und die Steaks ca. 2 Std. garen.

BURGER: Knoblauch schälen und fein hacken. Mit Mayonnaise, Chilisauce und Paprikapulver verrühren und abgedeckt kühlen. Salat in dünne Streifen schneiden, waschen und abtropfen lassen. Gurke in 12 Scheiben schneiden, Brötchen halbieren.

FERTIGSTELLEN: Das Fleisch aus dem Beutel nehmen und trocken tupfen. Eine Pfanne erhitzen. Das Öl in die heiße Pfanne geben und die Steaks darin bei großer Hitze pro Seite ca. 1 Min. anbraten. Auf einem Teller abgedeckt warm halten.

Butter in der Pfanne erhitzen und darin die Brötchen auf der Schnittfläche in 2–3 Min. goldbraun rösten. Die Böden mit je 1 EL Mayonnaise bestreichen, mit 3 Gurkenscheiben belegen und den Salat darauf verteilen. Je 2 Steaks darauflegen und mit je 1 EL Chilimayonnaise bestreichen. Die Deckel auflegen.

Für 4 Personen • 30 Min. Zubereitung • 15 Min. Backen • 15 Min. Ruhen •
Pro Portion ca. 785 kcal, 74 g E, 48 g F, 15 g KH

HÄHNCHENSTEAKS AUS DEM OFEN

FÜR KINDER

200 g Champignons
2 Knoblauchzehen
100 g Kochschinken
200 g Mozzarella
100 g Parmesan
4 Hähnchenbrustfilets (à 200 g)
Salz, Pfeffer
4 EL Butter
500 ml Tomatenpüree
50 g Röstzwiebeln (Fertigprodukt)
½ TL frisch geriebene Muskatnuss
100 g Sahne

1 Champignons putzen, bei Bedarf mit einem Tuch abreiben und vierteln. Knoblauch schälen und fein hacken. Schinken in 5 mm große Würfel schneiden. Mozzarella und Parmesan grob reiben. Die Hähnchenfilets waagerecht halbieren und mit Salz und Pfeffer würzen.

2 Backofen auf 220° vorheizen. Eine beschichtete Pfanne erhitzen. 2 EL Butter hineingeben und die Steaks darin pro Seite in ca. 1 Min. hell anbraten. In eine Auflaufform legen. Übrige Butter (2 EL) in der Pfanne erhitzen. Pilze, Knoblauch und Schinken darin bei mittlerer Hitze ca. 4 Min. anbraten. Tomatenpüree und Röstzwiebeln einrühren und aufkochen. Mit Muskat, 1 TL Salz und 3 Prisen Pfeffer würzen.

3 Die Sauce über die Filets verteilen. Mit Sahne beträufeln, mit dem Käse bestreuen und im Ofen (Mitte) in ca. 15 Min. goldbraun überbacken. Herausnehmen und ca. 15 Min. ruhen lassen, dann servieren. Dazu passen Baguette und frischer Blattsalat.

Für 4 Personen • 35 Min. Zubereitung • 15 Min. Trocknen • Pro Portion ca. 485 kcal, 53 g E, 17 g F, 31 g KH

KNUSPRIGE HÄHNCHENSTEAKS

AUS DEN USA

4 Hähnchenbrustfilets (à 200 g)
Salz, Pfeffer
150 g Mehl
2 TL Backpulver
1 TL Natron
200 ml Milch
1 Ei (M)
500 ml Frittieröl

1 Die Filets in je 3 Stücke schneiden. Die Stücke nacheinander in einem Gefrierbeutel mit der flachen Seite eines Fleischklopfers auf ca. 1 cm flach klopfen. Die Steaks mit Salz und Pfeffer würzen.

2 Mehl, Backpulver und Natron in einer flachen Schale vermischen. Milch und Ei in einer weiteren Schale verquirlen. Die Steaks nacheinander im Mehl wenden, überschüssiges Mehl abklopfen. Dann in der Eiermilch wenden und zuletzt nochmals im Mehl wenden. Die Steaks auf ein Kuchengitter legen und ca. 15 Min. trocknen lassen.

3 Das Frittieröl in einer Pfanne mit hohem Rand auf 180° erhitzen. Es ist heiß genug, wenn an einem hineingetauchten Holzstäbchen Bläschen aufsteigen. Die Steaks portionsweise im heißen Öl bei mittlerer Hitze pro Seite in ca. 2 Min. goldbraun frittieren. Herausnehmen, durch Küchenpapier abtropfen lassen und auf vier Tellern anrichten. Dazu passen Kartoffelpüree und Gurkensalat.

Für 4 Personen • 35 Min. Zubereitung • 2 Std. Ruhen • Pro Portion ca. 485 kcal, 48 g E, 16 g F, 36 g KH

BBQ-HÄHNCHENSTEAK

STREETFOOD

FÜR DIE STEAKS
60 g Salz
4 Hähnchenbrustfilets (à 200 g)

FÜR DIE BBQ-SAUCE
1 rote Zwiebel
3 Knoblauchzehen
4 EL Butter
2 TL geräuchertes Paprikapulver
½ TL Chiliflocken
100 g Rohrohrzucker
120 ml Apfelessig
100 g Tomatenmark
2 EL Zuckerrübensirup
Salz

AUSSERDEM
Twist-off-Flasche (500 ml Inhalt)

STEAKS: In einer großen Schüssel das Salz in 1 l kaltem Wasser auflösen. Die Hähnchenfilets hineinlegen und abgedeckt ca. 2 Std. im Kühlschrank ziehen lassen.

BBQ-SAUCE: Zwiebel schälen und in feine Würfel schneiden. Knoblauch schälen und durchpressen. Butter in einem Topf erhitzen und beides darin bei kleiner Hitze ca. 5 Min. anschwitzen. Paprikapulver und Chili zugeben und ebenfalls ca. 1 Min. anschwitzen. Dann 250 ml Wasser, Zucker, Essig, Tomatenmark, Rübensirup und 1 TL Salz einrühren. Alles bei großer Hitze unter Rühren aufkochen, dann bei kleiner Hitze 20–25 Min. köcheln lassen. Dabei gelegentlich umrühren. Die Sauce kochend heiß in die sterilisierte Flasche füllen, verschließen und abkühlen lassen.

FERTIGSTELLEN: Einen Grill aufheizen. Die Steaks aus der Salzlake nehmen, trocken tupfen und auf dem heißen Grill bei mittlerer Hitze pro Seite ca. 3 Min. grillen. (Alternativ die Steaks in einer heißen Grillpfanne in 2 EL Öl braten.) Die Steaks dann rundum mit je 1 TL BBQ-Sauce bestreichen und pro Seite in ca. 2 Min. fertig grillen. Auf vier Tellern anrichten. Dazu passen gegrillte Maiskolben, Süßkartoffelpüree und etwas BBQ-Sauce. (Die restliche Sauce anderweitig verwenden.)

GUT ZU WISSEN
Das Einlegen in Salzlake, Brining genannt, macht das Fleisch saftiger und würziger. Gerade für Hähnchenbrust ist diese Methode ideal, denn dieses Fleischstück wird beim Grillen schnell trocken.

REGISTER

Abkürzungsverzeichnis:
E = Eiweiß
EL = Esslöffel (gestrichen)
F = Fett
kcal = Kilokalorien
KH = Kohlenhydrate
Msp. = Messerspitze
NT = Niedrigtemperatur-Garen
Pck. = Päckchen
SV = Sous-Vide-Garen
TK = Tiefkühl
TL = Teelöffel (gestrichen)
Ø = Durchmesser

Projektleitung: Dr. Maria Haumaier
Lektorat: Petra Teetz
Korrektorat: Ulrike Wagner
Innen- und Umschlaggestaltung: independent Medien-Design, Horst Moser, München
Herstellung: Mendy Willerich
Satz: Kösel, Krugzell
Reproduktion: medienprinzen GmbH, München
Druck und Bindung: Firmengruppe APPL, aprinta druck, Wemding
Syndication: www.imageprofessionals.com
Printed in Germany

4. Auflage 2025
ISBN 978-3-8338-7541-0

DER AUTOR

Nico Stanitzok ist viel beschäftigter Koch, Blogger und Kochbuchautor. Er liebt unkomplizierte Rezepte, die für alle Anlässe geeignet sind – und er liebt Steaks in allen Variationen. Im GRÄFE UND UNZER VERLAG sind bereits mehrere erfolgreiche Titel von ihm erschienen. Mehr von ihm unter www.nicostanitzok.de.

DER FOTOGRAF

Mathias Neubauer hegt eine Leidenschaft für gutes Essen und hat ein Händchen dafür, jedes Gericht im besten Licht zu präsentieren. Zusammen mit **Manuel Weyer** (Foodstyling) hat er die großartigen Steak-Zubereitungen perfekt in Szene gesetzt.

BILDNACHWEIS

Mathias Neubauer: S. 06–59 und Stepfotos auf den Klappen
Coco Lang: S. 01, 05 und Stillleben auf den Klappen
Privat: Autorenfoto
Kathrin Koschitzki: Coverfoto

Umwelthinweis:
Dieses Buch ist auf PEFC-zertifiziertem Papier aus nachhaltiger Waldwirtschaft gedruckt.

QUALITÄTS G|U GARANTIE

LIEBE LESERINNEN UND LESER,

wir wollen Ihnen mit diesem Buch Informationen und Anregungen geben, um Ihnen das Leben zu erleichtern oder Sie zu inspirieren, Neues auszuprobieren. Wir achten bei der Erstellung unserer Bücher auf Aktualität und stellen höchste Ansprüche an Inhalt und Gestaltung. Alle Anleitungen und Rezepte werden von unseren Autoren, jeweils Experten auf ihren Gebieten, gewissenhaft erstellt und von unseren Redakteur*innen mit größter Sorgfalt ausgewählt und geprüft.

Haben wir Ihre Erwartungen erfüllt? Sind Sie mit diesem Buch und seinen Inhalten zufrieden? Wir freuen uns auf Ihre Rückmeldung. Und wir freuen uns, wenn Sie diesen Titel weiterempfehlen, in Ihrem Freundeskreis oder bei Ihrem Online-Kauf.

Sollten wir Ihre Erwartungen so gar nicht erfüllt haben, tauschen wir Ihnen Ihr Buch jederzeit gegen ein gleichwertiges zum gleichen oder ähnlichen Thema um.

KONTAKT ZUM LESERSERVICE

GRÄFE UND UNZER VERLAG
Grillparzerstraße 12
81675 München
www.gu.de

APPETIT AUF MEHR?

ISBN 978-3-8338-6629-6

ISBN 978-3-8338-7102-3

ISBN 978-3-8338-6614-2

ISBN 978-3-8338-7099-6

ISBN 978-3 8338-6975-4

ISBN 978-3-8338-4467-6

e Auch als eBook erhältlich.

GU

Mehr von GU auf **www.gu.de** und **facebook.com/gu.verlag**

DIE »GU KOCHEN PLUS«-APP

1 APP HERUNTERLADEN

Laden Sie die kostenlose »GU Kochen Plus«-App im Apple App Store oder im Google Play Store auf Ihr Smartphone. Starten Sie die App und wählen Sie Ihren Küchenratgeber aus.

2 REZEPTBILD SCANNEN

Scannen Sie das gewünschte Rezeptbild mit der Kamera Ihres Smartphones. Klicken Sie im Display die Funktion Ihrer Wahl.

3 FUNKTIONEN NUTZEN

Sammeln Sie Ihre Lieblingsrezepte. Speichern und verschicken Sie Ihre Einkaufslisten. Oder nutzen Sie den praktischen Supermarkt-Finder und den Rezept-Planer.